산빛 고운 사랑

조혜식 스무번째 시집

오늘의문학사

국립중앙도서관 출판시도서목록(CIP)

산빛 고운 사랑 : 조혜식 시집 제20집 / 지은이: 조혜식. --
대전 : 오늘의문학사, 2015
p. ; cm

ISBN 978-89-5669-668-3 03810 : ₩10000

한국 현대시[韓國 現代詩]

서시(序詩)

산빛 고운 사랑

맑고 밝은 숨결로
조용히 흐르는
산빛이 있어 좋아라.

답답하던 이 가슴
옹색하던 이 마음에
노을도 고루 내리고

산빛처럼 푸르고 고운
이해와 배려가
진실한 사랑이어라.

서문(序文)

순수한 서정과 절실한 사랑

-조혜식 20번째 시집을 중심으로-

문학평론가 **리 헌 석**
(사) 문학사랑협의회 이사장

1.

〈맑고 밝은 숨결로/ 조용히 흐르는/ 산빛〉처럼 순수한 서정으로 아름다운 사랑시를 빚는 조혜식 선생은 1933년 충북 괴산에서 출생합니다. 청주사범학교를 졸업하고 30여 년간 초등학교 교육자로 봉직(奉職)한 후, 시와 아동문학 작품으로 등단하여 동시집 『푸른 세상 푸른 꿈』(1995), 『웃는 얼굴 착한 마음』(1997), 『꿈을 키우는 아이들』(2007), 『맑고 밝은 어린이』(2010) 등을 발간합니다.

이와 함께 해마다 시집을 발간할 정도로 놀라운 창작 열정을 보입니다. 『여인의 소망』(1991), 『생의 한가운데』(1992), 『저 하늘 날고파라』(1993), 『여정에서-동남아편』(1994), 『산 따라 강 따라』(1996), 『깊어지는 정념 하나』(1996), 『여정에서-유럽편』(1998), 『그대와 나의 노래』(1999), 『여정에서-뉴질랜드 호주 중국 편』(2001), 『산길 따라 물길 따라』(2003), 『더 큰 소망의 기쁨』(2004), 『믿고 깨달으며』(2005), 『작은 나의 기쁨』(2014) 등을 발간하여 여러 상을 받습니다.

2015년에는 사랑을 주제로 노래한 시를 묶어 시집 『산빛 고운 사랑』을 발간합니다. 이는 3시집 『깊어지는 정념 하나』 12시집 『그대와 나의 노래』에 이어 세 번째 발간되는 '사랑시집'이라는 의미가 있습니다.

내가 노래 지을 테니
그대는 노래하시라.

그대의 눈빛은
설레던 첫 사랑처럼

그대의 목소리는
몰아치는 폭풍처럼

메아리치며 다시 울려
가슴 번지는 이 행복.

그대는 노래하시라
나는 장단을 맞추리니.

—「그대와 나의 노래」 전문

선생은 서정적 대상인 '그대'와 동고동락(同苦同樂)하고자 합니다. 선생이 노래를 지으면, '그대'는 노래를 부릅니다. 대상이 노래를 할 때 시인은 북채를 잡고 장단을 맞춥니다. 이렇게 부창부수(夫唱婦隨)가 되어 행복하게 생활합니다.

이러한 행복은 선생의 〈답답하던 이 가슴〉 〈옹색하던 이 마음〉에 아름다운 서정을 선물합니다. 뉘엿뉘엿 해가 질 때면 〈노을도 고르게 내려〉 시인의 가슴을 행복하게 합니다. 〈산빛처럼 푸르고 고운/ 이해와 배려〉 그리고 〈진실한 사랑〉으로 세상의 온갖 어려움을 극복하게 합니다. 이와 같은 사랑의 여로를 따라 기행(紀行)하는 것도 의미가 크리라 믿습니다.

2.

조혜식 선생은 사랑하던 부군(夫君)을 여읩니다. 그 분에 대한 그리움은 시인으로 하여금 사랑시에 몰두하게 합니다. 일상생활을 하면서 잠시 잊고 살기도 하지만, 어느 날은 〈유달리/ 머나먼 하늘나라에 계신/ 당신이 너무 그리워/ 영정 사진 품에 안고/ 한없이〉 울기도 합니다. 여기에서의 '당신'은 사별한 지 오래지 않은 부군으로 보이지만, 청상(靑孀)의 몸으로 평생 시인을 돌보아 주시던 '친정어머니'로 보아도 무방합니다.

시인은 〈몸이 많이 아프거나/ 삶이 너무 힘들거나/ 닥친 일이 풀리지 않을 때/ 보고픈 당신 생각〉에 온몸이 젖어든다고 합니다. 〈기쁜 일이나/ 좋은 일이 생겼을 때/ 당신께 전해드리고파/ 하늘을 바라보면/ 하늘은 말없이〉 파랗지만, 그 파란 빛이 너무 곱고 밝아서 시인은 더 외롭고 아픕니다. 예쁜 꽃도 함께 바라보고, 푸른 하늘도 함께 바라보던 '당신'이 곁에 없어 외로울 수밖에 없습니다. 아름다우면 아름다울수록 더 외롭고 아프게 마련입니다. 그리하여 시인은 자연 속에서 서정적 대상인 '당신' 혹은 '그대'와 일체(一體)가 되고자 합니다.

그대를 바라보면
나는 석양 노을빛에 젖으며
작은 달맞이꽃이 되리.

그대를 반겨 만나면
아이처럼 쫓아가 얼싸안으며
쏟아지는 폭포가 되리.

―「그대를 바라보면」 전문

어느 날 오후에 시인이 길을 나섭니다. 노을이 아름답게 깔린 길가에 달맞이꽃이 노랗습니다. 그래서 시인은 먼 하늘의 '그대'를 바라보면서 스스로 달맞이꽃이 되어 아름다운 서경(敍景)을 이룹니다. 이렇게 서로 만나 얼싸안으면서 시인은 한정없이 쏟아지는 눈물의 폭포를 경험합니다.

그래도 시인은 이런 만남에 머물 수 없습니다. 만나고 싶지만 만날 수 없는 사랑은 그야말로 형극(荊棘)의 삶입니다. 〈강물처럼 흘러버린 긴 세월〉에 시인은 〈서럽고 아팠던 내 그림자〉를 찾게 됩니다. 〈쓸쓸하고 어둡기만 했던 삶/ 참기 힘들었던 내 자리〉를 찾아 울던 날에 '당신'은 〈어둠을 밀어내주는/ 바람막이〉가 되셨기에 지친 생활에서 더욱 그립게 마련입니다.

그내 숨결 속에
내 긴 강은 흐르리.

그대의 실핏줄 하나하나가
내 짙은 그림자 되어
내 사랑의 진실을
뿌리 내리게 하고
그대 있어 내 작은 노력은
오래도록 녹이 슬지 않으리.

그대 그림자 위에

내 사랑을 얹으리.

—「그대 그림자 위에」 전문

이 작품은 놀라운 형상화를 보입니다. 그대 숨결에서 긴 강을 찾아내는 혜안(慧眼)이 그러하고, 그대의 실핏줄에서 시인의 짙은 그림자를 찾아내는 것 또한 그러합니다. 자신의 그림자가 '사랑의 진실'을 뿌리 내리게 한다는 발상은 그야말로 절창입니다. 특히 녹이 슬지 않는 노력으로 그대의 그림자 위에 자신을 얹어 사랑의 완전체(完全體)를 이루겠다는 소망이 절실해 보입니다.

3.

조혜식 선생은 대상을 특정(特定)하지 않은 채 그리움을 노래하기도 합니다. 평상시에 하늘을 바라보아도 그리운 사람이 나타납니다. 그래서 시인은 〈그리운 그 얼굴/ 허공에 일렁인다.// 고운 모습 되어/ 무지개로 피어나// 가슴에 젖어드는/ 잡지 못할 숨결〉에 애를 태웁니다.

시인의 가슴에 남아 있는 그리움은 부군, 어머니 등으로 한정할 수도 있으나, 시인으로서 세상에 대한 그리움과 기대 등으로 보아도 무방할 것입니다. 영국의 시인 윌리암 워즈워드가 〈무지개를 볼 때마다 가슴이 뛴다.〉고 한 것처럼 고운 모습으로 연상되는 대상은 언제나 그립게 마련입니다.

아픈 세월은
덧없는 꿈 자락이 되고

달빛 젖은 밤마다 가만히 떠오르는 그리움 한 가닥, 눈물 어린 기다림이 고여 호수처럼 잔잔해지지만, 바람결이 일어나면 어느새 그리움은 잔물결로 찰랑거리다가 푸른 하늘 저 멀리 달아나 있다.

오늘 따라 유난히
보고픈 그대 얼굴.

—「보고픈 그리움」 전문

조혜식 선생이 즐겨 차용하던 시 형식과 새롭게 활용하고 있는 산문시 형식의 혼합형으로 구성된 이 작품에서도 유사한 형상화를 보입니다. 그리운 대상과 지내던 아픈 세월을 연상하면 덧없는 꿈 자락이 됩니다. 그 꿈 자락은 호수처럼 고이기도 하고, 바람에 일렁이기도 하지만, 때로는 닿을 수 없이 멀리 있음을 확인하게도 합니다. 그 바탕에 〈보고픈 그대 얼굴〉이 작품의 중심을 이룹니다.

이렇듯이 '그대'를 향하여 갈 수 있는 방법은 〈사랑하는 그대에게/ 쉬지 않고 달려가는 길〉입니다. 그대를 향하여 갈 수 있는 원천(源泉)은 〈그대와 함께한/ 끊어지지 않는 질긴 줄〉이 있기 때문이고, 〈긴 강 건너야 할/ 튼튼한 사랑의 다리〉가 있기 때문입니다. 시인은 이러한 연유로 그대를 잊지 못한 채, 일관되게 그리워할 수 있음을 시에 담습니다.

그대가 깊은 산속에서
바람 되어 스칠 때
나는 불변의 소나무가 되어
뜨거운 가슴을 잠재우리.

그대가 물결치는
푸른 바다 가슴이면

나는 그대 가슴 위에
떠가는 작은 조각배 되리.

—「그대와 나」 전문

이 작품 역시 조혜식 선생의 내면을 자연스럽게 표출하고 있습니다. 사랑의 대상인 '그대'가 깊은 산속에서 바람처럼 스쳐 지날 때 시인은 사철 변하지 않는 소나무가 되어 뜨겁게 떠오르는 정념을 잠재우고자 합니다. 그 뜨거움을 식혀주는 푸른 바다가 그대의 가슴이라면, 시인은 그 바다 위에 떠있는 조각배가 되어, 사랑의 노래를 부르겠다는 의지의 표현입니다. 시인의 절실한 그리움을 간결하게 형상화한 작품입니다. 1연과 2연 사이에 있는 시상의 비약도 수준 높은 작품으로 작용합니다.

4.

조혜식 선생은 미수(米壽)를 향한 어르신이면서도 마음만은 청춘에 머물러 있습니다. 이러한 정서적 착각은 시인을 비롯한 예술가들에게 긍정적 결과를 도출합니다. 외롭고 아픈 현실, 그대로를 작품에 투영하면, 독자들은 어떤 기대로 환호할 수 있는가 자문해 보면, 비유와 상징에 의해 구체화된 상상이 얼마나 소중한지를 알게 됩니다.

이런 바탕에서 「아름다운 인생」을 집약하고 있는 작품을 확인하기로 합니다. 아름다운 인생은 〈사랑으로 봉사하며/ 풀잎같이 싱싱한 것〉〈좋은 일 실천하며/ 호수처럼 조용한 것〉〈꽃처럼 아름답다가/ 흙으로 돌아가는 것〉이라는 잠언에 이릅니다. 이와 같은 철학적 경지에 이르면, 시인은 언어의 홍수 속에서 외로워하는 자신을 확인하게 되고, 넘치는 언어를 피하여 간결하면서도 의미 깊은 언어를 찾아내기도 합니다. 단형의 작품들에서 잠언의 가치를 공유하는 까닭이기도 합니다.

아름답게 가꾸고 싶다
오래도록 가꾸고 싶다
당신과 나의 남은 생애를
푸르게 가꾸고 싶다.

—「한 그루 나무」 전문

시인은 질정할 수 없는 그리움으로 자신과 세상을 아름답게 노래하고자 합니다. 그 아름다움이 영원을 향하도록 정성을 다하고자 합니다. 그리움의 대상인 '당신'과 시인 자신의 여생(餘生)을 푸르게 가꾸고자 합니다. 이러한 소망이 조혜식 선생의 내면에 응축되어 있는 서정적 진실입니다.

시인이 오랜 기간 견지하던 고전적인 시 형식의 변화까지 수용하며 새로운 구조에 담아낸 시인의 '푸른 삶'은 독자들에게 신선한 감동을 생성하리라 믿습니다. 산수(傘壽)를 지나면서 녹슬지 않는 창작 의욕이 미수(米壽)를 지나 백수(白壽)에 이르도록 지속되기를 기대합니다. 쉬지 않고 시도(試圖)하는 새로운 작품 창작에 찬탄의 박수를 보내며 20번째 시집 감상을 마칩니다.

조혜식 제20번째 시집 【목차】

1 산빛 고운 사랑

2 사랑의 시인

3 사랑은 생의 진실

1부

산빛 고운 사랑

2014년 봄, 대전오월드공원
아동문학회에서 봄나들이

사랑의 힘

사랑의 물감을 들이려 해도
영영 들지 않더니,
뜨거운 포옹으로
온몸이 촉촉이 젖어요.

정직하고 진한 사랑은
아낌없는 정열의 표현이지요.
그대 가슴에 안기면서
감격의 눈물을 흘려요.

작아진 나의 어깨 위에
정성껏 달아준 그대의 날개,
사랑의 날개옷 입고
푸른 하늘 훨훨 날래요.

사랑으로 여는 새해

새해 새 아침
처음 여는 태양빛에
눈부심이 서려 있네.

어두움은 모두 지워버리고, 갈증과 분노의 마음 우리 모두 씻어버리고, 다시 열리는 새해에는 씻겨간 자리마다 사랑의 빛 가득하리.

하늘이 열리길 기다려
여정의 첫 걸음으로
새날을 맞이하리.

그대 있음에 1

여린 풀잎 흔들림도
그대 있음에
낙엽 한 잎 떨어져도
그대 있음에

추억을 넘어
그리움에 가슴 젖는 호수
그대에게 가는 길은
한적한 갈대 숲

때론 길을 잃고 헤매다
되돌아오고
내 몸에 물이 흠뻑 든
노을빛보다 서럽네.

그대 있음에 2

빗줄기만 내려도
눈물로 쓰러지다
다시 일어서는 풀잎 같은

낮은 데로 낮은 데로
조용히 흐르고 마는
겸허한 강물 같은

밝고 찬란한 빛이 되어
온 세상 고루 비추는
영원한 태양 같은

노을 빛 가득 차올라
사랑으로 품어주는
침묵처럼 높고 깊은.

처음 사랑을 느꼈을 때

넓고 푸르게 드리운 하늘, 그대가 세상에 있기에 저렇게 높고 신비롭게 우주 안에 자리 잡은 듯하였다. 끝이 보이지 않은 이 땅, 그대가 내 앞에 머물기에 이렇게 포근하고 따뜻하게 펼쳐져 있는 것 같았다.

졸졸 흐르는 맑은 강, 그대가 나를 사랑하기에 옛부터 지금까지 변함없이 아래로 흐르는 것 같았다. 정원의 예쁜 꽃들, 그대를 내가 사랑하기에 해마다 철따라 아름답게, 환하게 미소 지며 피는 것 같았다.

아름다운 사랑

만인이 좋아하는 귀중하고 값진 보석은요, 소중한 사랑이어라. 세상사람 모두모두 없어서는 살 수 없는 산소는 제일 가는 사랑이어라.

퐁퐁 솟아나는 샘물은 마시지 못하면 죽어가는 생명의 사랑이어라. 천년만년 반짝이는 밤하늘의 수많은 총총한 별, 빛나는 사랑이어라.

화사하게 피어난
가시 돋친
붉은 장미꽃 같은.

영원으로 이어지는 사랑

나의 사랑은 멋진 사랑
다시 없는 사랑
아름다운 사랑
가슴으로 느낄 수 있는
삶의 기쁨으로 간직하고 싶은

외로운 내가 쉴 수 있는 자리
편안히 기댈 수 있는
맡길 수 있는 가슴
그대와 나의 사랑은
넓은 세상에 아무데도 없는

그대와 나의 사랑은
지상과 영원으로 이어지는
고귀한 사랑
영원히 변하지 않는
진정한 사랑이고 싶은.

순수한 사랑

내가 그대를 사랑할 때
그대 또한 나를 사랑하리.

재물에 눈멀지 않은, 권력이 짓밟을 수 없고 모두가 부러워하는 사랑, 깨끗하고 순수한 정념, 둘만이 누릴 수 있는 참사랑이리. 인생은 끝없는 나그네 길이지만,

빈손으로 헤어질지라도
순수가 가득한 사랑이리.

사랑의 대화

그대와 나는
캄캄한 어둠 속에서도
사랑의 징검다리가 된다.

진실하며 행복한 대화
꿈을 향한 소중한 사연들
거센 바람 불어 닥쳐도
끊기지 않는 꽃사슬에는
사랑의 대화 담긴다.

그대 얼굴 보면

그대 얼굴 보면
근심 걱정 가득할 때
맑은 눈 갑자기 흐려진다.

세상 빛이 온통 회색 빛 되어
보는 것 모두가 서름한 얼굴이다.

그대 얼굴 보면
노기 불만 가득 서렸을 때
장군 같은 우람한 기백이 넘친다.

바위같이 굳어진 모습이나
사내다워 매력 넘친 얼굴이다.

그대와 나의 노래

내가 노래 지을 테니
그대는 노래하시라.

그대의 눈빛은
설레던 첫 사랑처럼

그대의 목소리는
몰아치는 폭풍처럼

메아리치며 다시 울려
가슴 번지는 이 행복.

그대는 노래하시라
나는 장단을 맞추리니.

멋진 우리 사랑

생소한 사이였던 당신과
지극한 사랑의 맹세로
굳게 다짐하며 엮었어라.

당신은 수꽃술 나는 암꽃술
보람의 씨앗 곱게 맺어
순수한 사랑 나누어라.

커피를 마시며

따끈한 커-피
은은한 향기 속에
곱디고운 상념은
그대의 언어처럼
이 몸에 젖어오네.

유난히 따뜻한 낭만.

그대의 정념이
마디마디 스며들어
그대는 허무한
내 가슴 위에
철옹성이 되네.

꽃을 가꾸는 사랑

썰렁한 날씨라도 햇살만은 따스하여 사랑하는 그대 품 같네. 눈 덮인 얼음 땅에 뿌리박은 흑장미, 얼음 사이 사랑이네.

춘삼월 다시 찾아와
싹 트면 우리들 사랑
먼저 알고 맺은 몽우리.

언제나 성실한 사랑, 우리 둘은 풋풋하여 참 사랑 꽃을 피우네.
우리 사랑 무르익어 아담하게 자라는 열매가 되네.

님의 눈빛

말 없는 이 마음이
기쁜지 슬픈지
그대는
거울에 비춰 보듯 읽고

맑은 수정보다 깨끗하고
티 없는 거울보다 맑은
그대 눈빛은
잔잔한 호수처럼 깊네.

우리 둘이 있을 땐

우리 둘이 있을 땐
슬픈 음악일랑 듣지 말아요.
훗날 먼 훗날
가슴 많이 아픈 추억이
묻어나오니까.

우리 둘이 있을 땐
아팠던 이야기는 하지 말아요.
훗날 먼 훗날
가슴 속에 잊지 못할 영혼의
슬픔이 되니까요.

우리 둘이 있을 땐
깊은 응어리일랑 풀지 말아요.
훗날 먼 훗날
하늘같던 사랑이 그리움의 씨앗으로
남게 되니까요.

별빛이 되고 싶어라

그대의 따스한 가슴 안에
푸른 싹은 날로 자라
화사하고 탐스런 꽃이 되고
우아하고 소중한 꽃이 되니
고귀한 사랑임에 틀림없어라.

나 또한 그대 향한 마음
꾸밈없이 절절히 사랑하는
당신의 미덥고 선한 가슴을
오래도록 포근히 비추어 줄
아름다운 별빛이 되고 싶어라.

좋은 일만 생각해요

기분 좋은 일을 생각하며, 미소 지며 살아요. 사랑하는 사람아, 정한수에 목욕하고 즐겁고 이쁜 마음으로 부러움 없이 살아요. 일상 누리는 삶, 항상 밝을 수는 없지만 탁 트인 푸른 하늘, 마음껏 바라보며 살아요.

인생살이 때로는 근심과 고통도 따르고 어렵고 힘겨운 일도 있고 내 뜻대로 이루어짐도 쉽지 않아. 오늘 하루만이라도 창공의 맑은 바람 마음껏 들이마셔. 근심걱정일랑 말리며 기분 좋은 일만 생각하고 살아요.

어찌 할까요

기다리라 해서
무작정 기다렸어요.
참으라고 해서
오래도록 참았어요.
그러나 이제는
좋은 날이 흘러 갔어요.
이제 나
어찌 할까요?

익고 또 익은
우리의 사랑
가슴과 살이 터지려는 듯한
우리 사랑, 우리의 그리움
어찌 할까요?
노을빛에 곱게 잠긴
우리의 진실한 사랑
이제 나
어찌 할까요?

가장 가깝게 계세요

그대의 티 없는 순수함, 꾸밈도 가식도 전혀 없는 당신은 준수하고 진실한 사람, 가장 가까운 거리에 가장 가깝게 계세요. 순수한 당신의 이야기 듣게요. 영원히 함께 있으면 더욱 더욱 좋겠지만, 함께 있는 것만이 좋은 것이 아니라고, 그대는 내가 어린애 같다고 타이르고 타이르지만 나는 그런 말 몰라요.

사랑은 가깝게 있어야 가능하니까.
그대의 신선한 체취를
맡을 수 있는 내 곁에
가장 가깝게 계셔 주세요.

꿈이 있는 사람

이랑이 차례로 이어지는
벌판 같은 푸른 바다
평화로운 햇살 곱게 받으며
가슴 벅차게 새 아침 여는
시원스러운 저 바다
그리움이 밀려오고 또 밀려가고
진정 바라는 그대와 나의 소망은
파도처럼 줄기찬 사랑이다.

그대와 나의 사랑
바다처럼 넓고 정열적인 사랑
파도처럼 지칠 줄 모르고
영원히 이어지는 존재이고 싶고
순정이 닥쳐오고 또 멀어지며
정을 쌓는 열망 속에
바다 같은 생명력 있는 사랑
우리는 꿈이 있는 사람이다.

믿음직한 당신은

믿음직한 당신은 순수하고 말은 적으나, 잔잔한 미소를 항상 잃지 않는 모습은 내게 황홀한 꿈을 주네요.

사랑이 지극한 당신은 변치 않는 굳은 마음과 따순 사랑과 깊은 이해와 영원한 진실로 푸른 희망 안겨 주네요.

배려 깊은 당신은 사람의 도리를 일깨워 주며 하늘같은 큰 사랑으로 아낌없이 모두 주니 고운 행복 넘치네요.

사랑의 주인공

이별 없는, 아픔 없는 사랑이
더없이 좋겠지만
그런 바람은 있을 수 없고
사랑하는 그대 위해
나
가슴이 시원하도록 사랑노래
실컷 부르고 싶다.

이 사랑 소중히 간직하여
사랑 없는 만남보다
사랑 있는 짧은 만남이라 해도
사랑의
주인공이 되어
건강하며 오래도록 아름답게
후회 없이 살고 싶다.

한 그루 나무

아름답게 가꾸고 싶다
오래도록 가꾸고 싶다
당신과 나의 남은 생애를
푸르게 가꾸고 싶다.

그 말 한 마디

우리는 손을 꼭 잡고
두근두근 어쩔 줄 모르고
푸른 숲길을 걸었지요.

지난 우리의 이야기와
오늘의 이야기를
숨김없이 재미있게 하였지요.

서로 가슴 활짝 연 마음으로
끝도 없는 기나긴 이야기를
모두모두 즐겁게 나누었지요.

노을이 지도록 하였건만
끝내 하지 못한
사랑한다는 그 말 한마디

삶의 보람

그대는 내 마음의 태양, 청아한 멋있는 자태, 그대를 사랑하는 마음, 그리움은 외로움 되어 내 영혼 속으로 살며시 스며든다. 굽이굽이 이어진 산 아래 서 봐도, 넓은 들녘에 서 봐도, 내 귀엔 애잔한 새소리 뿐. 사랑하는 그대와 나, 영원으로 감싸지 못하는 공허한 마음 감추지 못한다. 그대의 순수로 빛나는 눈, 굳건한 곧은 의지를 보면 내 생애의 큰 힘을 주며 삶의 보람 일깨워주고 모진 풍상 이겨내는 지혜와 슬기를 안긴다.

그대의 매력

그대가 지닌 모습은
믿음직한 외모와 건강미
매력 넘치며 준수하여
내게는 너무나 소중한 사람.

그대는 조용하던 나에게
깊은 사랑과 신뢰를 주며
내 마음에 쏙 드는
속이 깊고 정직한 사람.

그대에게 풍겨나는
많은 매력과 어진 호감은
나를 단숨에 끌어들이는
힘센 자석 같은 사람.

조용히 보듬고

세상에 소중한 단 한 사람
그대의 따순 눈동자를
한없이 바라보면
우주는 더없이 아름답다.

하늘은 청정히 맑으며
사랑하는 그대 있음에
어둡게 방황하던 내 마음도
황금빛으로 빛난다.

하나의 생각으로

나 진정 오랜 시간 두고
그대를 많이 사랑하기에
벅찬 포옹을 하고 싶어요
감격의 포옹을 하고 싶어요
보다 뜨거운 포옹을 하고 싶어요.

가슴속 같은 생각으로
사랑에 익숙할 때까지
새 아침이 우리 앞에 오도록
그대의 따순 가슴 안에서
순수한 사랑을 나누고 싶어요.

그대와 차를 마시며

우리 만나 반가운 날
눈빛 서로 마주보며
따뜻한 찻잔을 들어요.

서로 무슨 말을 해도
한없이 흐뭇하고
큰 행복 넘치네요.

은은히 흐르는 음악
잠시 말없이 앉아있어도
온 세상은 우리의 것.

축제라도 열어주는 듯
창밖의 먼 하늘에는
별빛만 가득하네요.

아름다운 사랑

무정한 세월 흘러, 흘러 우리 인생 바삐 살다보면 죽도록 사랑하던 사람도 더러는 잊을 날 있겠지요. 잊지는 못한다 하더라도 안개처럼 희미해질 날 있을까요? 일부러 잊으려고 하지 않을래요.

함께 걸었던 숲속의 오솔길, 함께 나누었던 소중한 시간들, 함께 추었던 사랑의 브루스, 함께 울며 얼싸안은 두 가슴, 내 마음의 일기를 쓰는 것은 우리 둘의 영혼을 울리는 일이지요.

사랑의 시 한 편 한 편은 마음속에 사랑하는 그대를, 더없이 존경하는 그대를, 내 마음 이해하는 그대를 잊기 위해 쓰는 것이 아니고 내 안에 오래도록, 아름답게 간직하기 위해서지요.

그대를 바라보면

그대를 바라보면
나는 석양 노을빛에 젖으며
작은 달맞이꽃이 되리.

그대를 반겨 만나면
아이처럼 쫓아가 얼싸안으며
쏟아지는 폭포가 되리.

사랑은 햇볕처럼

사랑은 햇볕처럼
나의 부푼 가슴에
따뜻하게 쏟아지고 있다.

사랑은 빛이 되어
우리 둘의 어깨 위에
눈부시게 쏟아지고 있다.

우리 만남 처음처럼

흘러버린 내 세월은
바로 그대를 만나려고
넓은 길 새로 잘 닦아
준비하는 시간이었어요.

앞으로 오직 한결같이
우리 만남 소중한 인연
이슬처럼 깨끗한 사랑을
처음처럼 간직하고 싶어요.

영원으로 이어지는 사랑

가슴으로 느낄 수 있는 사랑,
내 삶의 기쁨으로
오래도록 간직하고 싶어요.

그대의 말 한 마디

그대의 말 한 마디 건네는 속삭임 아니면, 무의미한 나의 삶에 아무런 의욕이 없지만, 그대의 따스한 말, 마음속 깊은 위로의 한마디로 세상에 무슨 일을 못할까. 이 몸 늙고 시들어 병들어 노을 빛 가득 담긴 슬픈 가랑잎이다.

오직 난 그대 있기에 복잡한 생의 한 가운데서 의미와 기쁨이 넘치고 은근하고 부드러운 사랑으로 많은 세월 흘렀어도 그 신비는 한결같으며 그대의 말 한 마디는 봄날 풋풋한 향기가 되어 텅 빈 내 가슴을 채운다.

사랑의 손길

사랑의 손길
나눔의 손길

정이 넘치는 손길로
분홍 꿈 담아

따듯한 손길
진심 넘치는 약손

내 손길 닿는 곳마다
새 힘이 솟으리라.

우리 님 피로가
말끔히 가시리라.

동반자

이제 그대로 인해 나는
기쁨과 슬픔이 무엇인지
아는 여인이 되었어요.

가끔은 외롭고 괴로워
남 몰래 눈물 지는
마음 여린 여인이 되었어요.

같은 하늘 아래 사는 나
그대 나에게 주신 은덕
시를 좋아하고 이해하며.

평화롭게 살고 싶어요

당신의 팔베개 따뜻이 베고 당신의 든든한 가슴에 안겨 당신의 부드러운 속삭임 들으며 밤새도록 깊은 사랑 하고 싶어요. 사랑하는 이의 순수한 얼굴은 언제 보아도 아름다워요. 사랑은 먼 곳에 있는 것 아니고, 가깝고 낮은 곳에 있지요.

겸허하고 진실한 우리 사랑에 슬픈 일 없이, 눈물 없이, 괴로움 없이, 마음 고통 없이, 변함없이, 늙음일랑 오지 마요. 그대와 나, 나와 그대, 간격 없이 마음 편히 사랑으로 오래도록 평화롭게 살고 싶어요. 이해와 배려의 마음으로 살고 싶어요.

생명의 힘

어둠이 조용히 밀려오는 저녁
실개천 풀밭에 그대와 앉아
처음 느껴보는 사랑의 묘한 감정
내 생애 오래도록 지니고 싶어요.

서로 믿고 이해하며 의지하고
이끌고 도와주며 밀어주며
험난한 이 세상 힘이 되어 살자고
손가락 걸며 다짐한 우리예요.

참 만남에는 한 줄기 빛이 있고
사랑이라는 아름다운 그 빛은
삶에 빛을 주고 우리 생명에
신선한 힘을 불어 넣어 주지요.

그대를 만난 후 어느새 우리는
서로에게 사랑의 문이 열렸어요.
세상을 새로 보는 눈,
밝은 눈이 되었어요.

하나의 사랑

내겐 오직 사랑하는 그대에게
쉬지 않고 달려가는 길만 있어요.

내겐 오직 그대의 사랑과
더불어 걸어가는 둥근 굴레지요.

내겐 오직 그대와 함께한
끊어지지 않는 질긴 줄만 있어요.

내겐 오직 긴 강 건너야 할
튼튼한 사랑의 다리가 있어요.

내겐 오직 가슴에서 피어나는
사랑의 꽃이 다발다발 쌓여요.

한결같은 사랑

다정하게 마주 잡은 손과 손
그대와 나의 변함없는 사랑
진실하고 영원한 사랑이리.

자나 깨나 앉으나 서나
하늘 무너지고 땅이 내려앉아도
굳은 우리 맹세는 한결같아
그대와 나는 하나의 사랑
이별이 없는 영원한 사랑이리

일식 맞아 당신 품에 안기고
그대와 나 사랑의 월식
해와 달의 영원한 사랑이리.

정답게 살고 싶다

양지바른 푸른 언덕 위에 그대와 나 마음과 뜻을 모아 아담하고 상큼한 집을, 그림 같은 아름다운 집을 짓고 그대와 오붓이 오순도순 살고파라.

어지럽고 힘겨운 세상살이, 복잡하고 시끄러운 도시 떠나 흰구름 둥둥 넘나드는 공기 맑은 강촌에 가서 그대와 정답게 아기자기 살고파라.

세월 흘러 백발이 찾아와도, 인생의 고독과 질병은 훌훌 깨끗이 털어버리고 밤하늘 총총한 별을 세며, 그대와 정답게 오래도록 살고파라.

그대 향한 진실

알 듯 알 듯 하면서도
아직 잘 모르는 정념

내 마음 한없이
그대 향한 진실 넘치네.

서러운 나이테 늘어가도
그대 손잡고 대화하네.

긴 세월 살고 또 살아도
그대 향한 진실 변함없으리.

든든한 벽이 되어

강물처럼 흘러버린 긴 세월
서럽고 아팠던 내 그림자

쓸쓸하고 어둡기만 했던 삶
참기 힘들었던 내 자리

억울했던 한 평생이
눈앞을 스쳐 흐르며 울던 날

나의 어둠을 밀어내주는
바람막이가 되어 주었던 당신

피로에 지친 등을 기대게
튼튼한 벽이 되어 주었던 당신.

별을 보면

희미한 별을 보면
지난 추억 그립다.

반짝이는 별을 보면
나의 사랑 젖어온다.

하늘의 별을 보면
외로움이 넘친다.

빨간 별을 보면
지난 젊음 아쉽고

푸른 별을 또 보면
시가 넘쳐 흐른다.

기쁜 삶

남녘 밝은 창으로
전망이 환하게 펼쳐진
푸른 잔디밭과 공원.

음악이 흐르는 문화 공간에서
맑은 공기 마시며
건강한 삶 엮음이 제일이다.

편리한 집에서
식구들과 더불어
개성에 잘 어울리는

자신의 일을 하며
보람에 넘치는
그런 생활을 누려야 하리.

순수한 사랑

권력이 짓밟을 수 없고
재물에 눈 멀지 않은

모두가 부러워하는 사랑
깨끗하고 순수한 깊은 정념

서로가 빈 손이지만
둘만이 누릴 수 있는 참 사랑

인생은 끝없는 나그네
영적인 순수한 사랑.

우리 사랑처럼

청량한 새벽 공기
허공 속의 그 모습
만날 길 없네

흔들리며 서걱이는
서러운 갈대를 보아도
바람의 그 얼굴은
볼 수가 없네.

내 가슴 도려내는
그리운 마음 되어
평생 질기게 이어지네.

내 끈질긴 집념
세월의 자락
애써도 잡히지 않네.
우리 사랑처럼.

2부

사랑의 시인

2014년 봄 대전오월드공원

아동문학회에서 봄나들이

사랑의 시인

사랑하던 나의 그대여! 그리운 그대를 위해 시를 쓸 수 있는 것이 참으로 기쁘며 마음 벅차 흐뭇해요. 영원한 우리 사랑을 시로 쓸 수 있고 시로 노래할 수 있으니, 정열 다 바쳐 한 권의 시집을 쓸 수 있으니까요.

그대도 내 마음과 같다면 잊지 못할 지난 추억을, 하늘의 별같이 많은 이야기를, 그리움의 세월을, 사랑의 시로 바치겠어요.

우리 모습 있었던 그대로, 우리 마음 지나간 그대로, 뜨거운 감격의 시를 쓰는 사랑의 시인이 되겠어요.

깊어지는 정념 하나

흘러버린 세월의 판화
이마의 검버섯과 잔주름
나이테로 박혀
허무로 다가온다.

쌓여진 이야기더미
가라앉은 끈끈한 정
영원히 잊지 못할 가슴에
깊어지는 상념 하나.

댕기머리 곱게 따던
예뻤던 얼굴 흔적 없고
이제 주름진 얼굴
시름겨운 몰골인가.

그 옛날이 그립고
가슴속 묻어둔 얼굴
어스름 강물 저편에
실안개로 피어오른다.

그대 그림자 위에

그대 숨결 속에
내 긴 강은 흐르리.

그대의 실핏줄 하나하나가
내 짙은 그림자 되어
내 사랑의 진실을
뿌리 내리게 하고
그대 있어 내 작은 노력은
오래도록 녹이 슬지 않으리.

그대 그림자 위에
내 사랑을 얹으리.

사랑의 연가

그대의 맑은 모습
눈 앞에 아른거릴 때

나의 작은 영혼은
별빛을 안고
그대의 포근한 정념
가슴으로 흐르는 밤

인생을 깊게 보는 것도
생의 의미가 충만함도
그대 있음으로
더없는 희열이 넘치네.

그리움은 푸른 잎으로
사랑은 화사한 꽃으로.

사랑의 진리

헤아릴 길 없는
오묘한 철리(哲理)

사랑은 우리에게
아름다운 낭만을 주고
불멸 영생이며
의욕적 활동이며
굳은 의지를 주며
사랑은 모든 것을
용서하고 덮어준다.

사랑은 박애와 자비
무궁한 생명력.

보고픈 그리움

아픈 세월은
덧없는 꿈 자락이 되고

달빛 젖은 밤마다 가만히 떠오르는 그리움 한 가닥, 눈물 어린 기다림이 고여 호수처럼 잔잔해지지만, 바람결이 일어나면 어느새 그리움은 잔물결로 찰랑거리다가 푸른 하늘 저 멀리 달아나 있다.

오늘 따라 유난히
보고픈 그대 얼굴.

고운 추억

첫사랑의 고운 추억
이슬 같은 그리움

정 없는 세월 흘러도 생기로 넘쳐나는 그리움은 싱싱한 해초 되어 가슴에 일렁거린다. 안개꽃 한 다발 예쁘게 묶어 사랑하는 그대에게 드리면 지난날 쌓인 그리움이 눈꽃 되어 내 볼을 적신다.

산그늘 짙어오고
풀꽃 향기 넘치는 이 밤.

당신과 나의 이름

긴긴 밤을 지새우며
속삭이듯 불러보는
당신과 나의 이름

더없이 외로울 때
한없이 괴로울 때
아픈 가슴 다독이며

자나 깨나 앉으나 서나
써 보고 또 써 보는
당신과 나의 이름

한없이 서러울 때
끝없이 울고 싶을 때
온갖 번뇌 모두 잊고

푸른 하늘 우러러
마음속 아로새기는
당신과 나의 이름.

소중한 그대

천고마비의 밤하늘에
한 줄기 유성이 흐른다.

그대 다시 저 하늘 가르며, 그때처럼 내 눈앞에 홀연히 다가온 더없이 소중한 그대. 오곡백과 싱그럽게 익어갈 때 온 누리 휘감아 도는 소슬바람, 시원스레 내 앞에 불어올 때 멀리 떠난 그대 바람 타고 소리 없이 성큼 다가온 그대. 모래알같이 많은 사람 중에 기라성처럼 출중한 그대.

사랑의 가시밭 헤쳐 온
내 삶의 소중한 그대.

내 사랑은

믿음 안에
뿌리내린 내 사랑은
한 포기의 싱싱한 풀이다.

소망 위에
꽃이 핀 내 사랑은
반짝이는 별빛이다.

희망 속에
열매 맺은 내 사랑은
황금 빛 들녘이다.

당신은 한 송이 꽃

가냘픈 실뿌리를
동토에 고루 깊게 내려
싹을 틔운 굳은 의지

먼 훗날 바라보며
그리움으로 출렁이고
꿈을 피워 여는 바램

따순 햇살 듬뿍 안고
깊은 정 넘쳐
뜨거운 사랑을 나눈다.

함박웃음 환한 모습
영원히 내 가슴에 피어난
당신은 한 송이 꽃.

들국화 사랑

순결한 너의 얼굴
침묵의 자태여라

산내음 비탈길에
어우러진 들국화

그대가 남긴 사랑의 말
가슴 가득 품고

하늘 아래 순수한 열망
보랏빛 사랑.

꿈이 있는 사랑

그리움이 밀려오고
또 밀려가고
진정 바라는 그 소망은
파도처럼 줄기찬 사랑이다.

그대와 나의 사랑
바다처럼 깊고 시원한 사랑
파도처럼 지칠 줄 모르고
영원히 이어지는 존재다.

순정이 닥쳐오고
또 닥쳐오고
정을 쌓는 열망 속에
바다 같은 푸른 생명이다.

연정의 숨결

그리운 그 얼굴
허공에 일렁인다.

고운 모습 되어
무지개로 피어나

가슴에 젖어드는
잡지 못할 허허로움.

그리움은 안개 되어

내 추억의 그리움은
안개 되어
희미하게 가물거린다.

눈감고 옛일을 되새기니
꿈같은 이야기만 들리는 듯
미련을 적시며
뜨고 지는 별이 된다.

내 사랑의 그리움은
안개 되어
햇살에 녹아내린다.

옛일 생각하니
바람 같은 이야기만 밀려오고
말라버린 영혼이
그리움으로 번진다.

그리움은 분수 되어

얼마나 더 흘러가야
그대의 바다와 만날까?

외로운 그대의 섬에
어느 세월에나 이를까?

솟구쳐 오르는 분수의
하얀 절정처럼

믿음으로 이루어진 한마음
그리움은 분수 되어.

사랑하는 그대는

그대는 순수하나 강했던 사람, 무심히 빗줄기만 내려도 말없이 눈물로 쓰러지다 다시 일어서는 풀잎 같은 이.

그대는 어질고 겸손한 사람, 낮은 데로 낮은 데로 조용히 흘러가고 마는 겸허한 강물 같은 이.

그대는 정열의 멋진 사람, 밝고 찬란한 빛이 되어 온 세상 고루 비추는 영원한 태양 같은 이.

그대는 하늘 같은 가슴 지닌 사람, 노을빛 가득 차올라 고운 사랑으로 품어주는 산.

사랑은 영원하리

그대 생각만 하여도
가슴 허허 벌판에
무지개 사랑으로 피어난다.

가깝고도 멀리 있는 당신
사랑하던 그대는
내 그리움의 샘물이다.

미숙한 나의 시를
좋아하였다는 정겨운 한마디
오래도록 가슴을 적신다.

그대 오세요

그대 오세요.
자유의 날개 튼튼히 달고
하늘을 날아 오세요.

그대 오세요
흐르는 냇물 건너기 어렵다면
나 징검다리 되어 드릴게요.

그대 오세요.
꿈꾸는 좋은 세상이
모두 우리 앞에 있어요.

그대 오세요.
넘치는 그리움이 보여요.
그대, 주저 말고 오세요.

그대와 나는

그대가 깊은 산 속
바람 되어 스칠 때
나는 불변의 소나무 숲 되어
성난 가슴 잠재우리.

그대가 끝없는 광야의
꿈 가득한 들녘이라면
나는 그대 그리워
서걱이는 갈대가 되리.

행복하라

바다로 떠가는 이
바다길이 한없이 펼쳤으니
흰 돛 물결 타고
한없이 행복하라.

가진 것 하나 없어도
길은 수없이 나 있으니
길을 찾아 노력하는 만큼
영원히 행복하라.

그대는 나의 등불

내 가슴에 간직한 그대를 만나면 서로 흐뭇한 우리. 어느새 미소가 흐르는 말없는 그대 모습이여! 다정한 이야기는 모두 아름다운 그림이 되어 수채화로 그려지고 서로가 보듬안고 살아가는 젊은 마음이네.

지난 세월 그리워지는가. 변함없는 마음과 마음, 가슴에 간직한 우리 사랑, 정이야 긴 세월 흘러간들 어떠리. 서로가 힘겨워도 사랑은 언제나 변함이 없고, 그대는 정녕 오래도록 내 가슴에 켜놓은 등불이네.

당신은 믿음의 나무

그리움은 뭉게구름처럼 터질 듯 가슴 가득 피어오르고, 소나기 세차게 몰아닥쳐도 나를 항상 포근히 감싸주시며, 흡족하게 사랑 베풀어 주시니, 당신은 한 아름 믿음의 나무.

애태움은 거센 바람처럼, 겹겹이 쌓여진 회오리바람처럼, 세차게 불어오려고 해도 언제나 한 점 거리낌 없는, 곧은 심정으로 나를 지켜주는, 당신은 무성한 믿음의 나무.

욕심과 이기심 많은 세상, 인정사정 체면도 잊은 채 앞뒤 가리지 않는 이에게도 시원한 바람과 그늘 주며 휴식을 취하며 올바른 사람 되라며, 당신은 우람한 믿음의 나무.

연인

생각할수록 감미롭고
오금을 저리게 하는
충격적인 말이다.

부르고 돌아서면
다시 부르고 싶은
더없이 정겨운 말이다.

부모 형제보다 더 가까운
그대와 나만을 위한
싫증을 모르는 달콤한 말이다.

이 세상 모두 찾아보아도
마음 안의 연인이란 말은
사랑이 넘치는 말이다.

별처럼 찬란한

태워도 다시 태워도
재가 되지 않을
세상에서 가장 아름다운
참사랑을 하고 싶어요.

그대의 미더운 가슴에
환상이 아닌
무지개가 아닌
아름다운 사랑이 으뜸이라.

더없는 사랑에 만족할 때
영원히 빛을 쏟아
별처럼 찬란한
참 사랑을 하고 싶어요.

보랏빛 사랑

도라지꽃보다 더 고운
보랏빛 대화였어라.

두 사람의 따뜻한
손길로 쌓아올린 사랑탑
쉽게 허물 수 없는
높고 튼튼한 탑이었어라.

두 사람의 깊은 열정이
가슴에서 가슴으로 넘쳐
하늘을 나는 꿈
벅찬 희망이었어라.

별빛보다 빛나는 사랑
보랏빛 사랑이었어라.

당신의 빛깔

감정이 있는 듯 없는 듯 기분 맞추는 말 한 마디 없고 잔정이라고는 손톱만치 있을까. 나에게만 당신은 목석인 듯 하고, 재미는 없지만 진지한 모습, 무뚝뚝한 당신의 빛깔은 소중한 빛, 내 호흡 속에서 녹아버리는, 당신 사랑의 빛깔 보이네요.

당신의 빛깔 점점 바래도 믿음과 사랑이 넘치는 진실과 순수함만 남았다면, 내 인생에 참된 여정에 밀려오는 힘겨운 세파쯤, 몸은 비록 늙어 쇠잔하여도 아름답게 쏟아 내리는, 내 따뜻한 사랑 속에서 당신의 고운 빛깔 더없이 영롱해요.

사랑의 깊이

더없이 그립고 보고파도
그대에게 가지 못하고
이렇게 허무히 세월만 보낸다.

엽서 한 장 모르고
편지 한 장 띄울 길 없이
생의 한 가운데 멍하니 서서
마음만 안타깝게 조이며 산다.

소리쳐 불러봐도
내 목소리 들릴 길 없기에
슬픔을 부여안고 살아가나
사랑은 언제나 하고 싶은 대로
쉽게 되는 것이 아니다.

채울 수 없는 사랑의 깊이
황혼빛이 점점 짙어도
나는 모른다! 잘 모른다!

사랑과 그리움

가슴속에 믿어온 사랑은
세월이 흐를수록 한층 더
신선하고 진실합니다.

해마다 곱게 피는 꽃도
해마다 그 색깔이 다르듯이
사랑의 그리움도 다릅니다.

젊은 시절 그리움은 뜨겁더니
황혼의 그리움은 미덥습니다.
내 가슴 가득합니다.

사랑은 생의 축복

사랑은 기쁨의 씨앗이라고
달콤하고 흐뭇한 것
온갖 괴로움 견뎌내고
곱게곱게 맺어지는
보람의 열매이지요.

사랑은 그대와 내가 한 몫이듯
부담 없이 베푸는 것
보람은 황홀경에 빠지고
가슴 가슴에 넘쳐나는
무궁한 축복이지요.

사랑은 조물주의 귀중한 선물
우리 모두에게 소중한 것
뭇사람 짝 찾아 살아감에
영원히 변할 수 없는
삶의 진실이지요.

나의 소원

누구보다 남달리 아껴주는
당신의 한결같은 사랑
매일 밤마다 꿈속에서라도
황홀하도록 당신 사랑 받고 싶어요.

진정으로 사랑하는 당신
진정으로 사랑해주시는 당신이여
당신의 가슴에 이 몸 안기듯
이 몸 가슴에 당신을 채워주세요.

당신의 무궁한 사랑
나도 당신을 깊이 사랑하며
긴 세월 함께하고픈 것이
나의 간절한 소원이에요.

시를 쓰다가 미소 지으며

깊은 밤 지새우며
시 한 수 낚으려 허우적이다
시상 하나 언뜻 떠올라
기쁨으로 시를 쓰다가
책상머리의 체경에
무심히 내 모습 비추어보니
어느덧 노을이듯
반백 머리에 야윈 얼굴
거친 피부에 목주름이네요.

읊고픈 시는
매일 제자리 제 걸음의 삶
평범한 우리들의 가슴속에
조물주의 심오한 뜻
대자연의 구석구석마다
삼라만상 아름답게 펼쳐 있듯
풍부한 감상 잠겨 있어
시상으로 표출되는 기쁨
나도 행복한 미소 짓네요.

생의 한가운데

아름다운 계명성 밝고
여명의 새벽 종소리
골골마다 힘차게 울려 퍼져
광명시대에 살고 있는
연인들의 눈빛.

사랑 속에 숨 쉬는 우리
모두가 생의 한가운데
옷깃 스치는 숱한 인연
어디서 오고 어디로 가는가.

사람마다 제 갈 길 있어
소망 위에 여백 찾아
노을빛 해거름에 쫓기듯
밝은 빛이야 모자리든 없든
모두가 생의 한가운데.

내 사랑의 소원

햇살 고운 이 아침
활짝 열린 창문 통해
즐거운 까치의 노래로
반가운 그대 소식
기쁘게 전해주소서.

이슬 내린 정든 정원
뜨거운 열망과 그리움
환한 꽃들의 미소처럼
이 가슴 따뜻이
사랑 가득 주소서.

진실한 마음속 연인
꿈속 같은 사랑 속에
서로가 마음의 반려자로
많은 세월 흘러도
변함없게 하소서.

그대의 심상

그대는
보랏빛 아름다운 시선으로
나를 향한 그리움으로
말없이 조용히 다가선다.

그대는
홀로 지새는 밤에
밤하늘에 반짝이는 유성이듯
창문에 눈부시게 흘러든다.

그대는
목말라 지친 나의 영혼에
칠 년 가뭄 끝에 단비이듯
내 몸에 줄기차게 쏟아진다.

그대는
높고 푸른 태양
올 때는 정열의 파도였듯이
갈 때도 소리 없이 가신다.

구름처럼 살고 싶네

창문 열고 하늘을 보았네.
그곳에 있으려니 한 구름
정 둘 곳 없어 머물지 못하는가
마음 잡지 못해 떠돌다 갔는가.

부평초 같은 세상 사람들
자고 나면 변해버리는 인심
가슴 아프게 파고드는 허무일랑
하소연과 더불어 멀리 싣고 가렴.

어머니 가슴 같은 포근한 사랑
한없이 정다운 따뜻한 손길
사랑으로 오래도록
구름처럼 자유로이 살고 싶네.

서로의 사랑으로

그대와 나의 순수한 사랑
기나긴 험한 인생 여로
이 세상 하직할 때까지
무상함 서로 달래며
행복한 나날 원하며
굳건히 우리 인내로 살아요.

가슴 안에 고운 사랑 쌓으며
기쁨이 북받쳐 넘쳐 흘러
서로 깊이 사랑할 때
부족함과 단점일랑 모두
남김없이 털어버리고
서로가 진정으로 사랑만 해요.

삶의 질곡은 어려워도
사랑은 더불어 이해와 화합으로
인생의 괴로움 있어도 식혀주는
변함없는 사랑으로
더불어 한 마음 되어
우리의 소망 멋지게 이루어요.

절절한 사랑

근심 걱정 모두 말끔히 훌훌 하늘로 날려버리고 편안하고 포근한 우리 사랑 감정이 무딘 이 몸은 너무도 미흡하고 어수룩하여 입으로 전하는 말로는 절절한 이 사랑을 차마 진정으로 사랑한다고 뚜렷이 말을 못 하네요.

안으로 깊이 그리움 안고 사랑이 분수 되어 솟아나는 한결같은 준수한 우리 사랑, 깊은 믿음과 신뢰로 이룬 언제까지라도 젊은 마음 안고 사는 절실한 마음과 마음, 부족한 재주로는 오붓한 우리 사랑 빠짐없이 정확하게 표현을 못하네요.

한데 엮은 사랑

정성으로 받아 둔
작고 예쁜 꽃씨 하나
봄바람 갈피 속에
지성으로 묻었네.

긴긴 세월 소중히
여린 꽃송이 애처롭게
참고 이겨 피웠지만
이처럼 기막힐 수 없네.

명주실 가닥가닥 뽑아내
마지막 한 오라기까지
한데 엮은 그 세월
우리보다 질길 순 없네.

나는 아직 행복하다

무심한 세월 덧없이
나이테 짙어져
감정이 메말라도
아직 그리움은 여전하다.

하늘나라 먼저 가신
당신이 보고 싶어
푸른 하늘 오래도록
넋을 놓고 바라본다.

눈도 어둡지 않고
귀도 아직 잘 들리며
세월 가도
나는 아직 행복하다.

늙어가는 모습 싫지 않다.
마음 자락의
나이테 짙어가도
나는 아직 행복하다.

아름다운 인생이란

아름다운 인생이란
물이 말없이 흐르듯이
아래로 흘러 내려가며
자연스럽게 사는 것이다.

없는 사람 도와주며
사랑으로 봉사하고
긍정적 좋은 생각으로
욕심 없이 사는 것이다.

깊은 그리움 가슴에 안고
잊지 못할 추억을
석양의 붉은 노을처럼
조용히 묵상하는 것이다.

날 잊지 말아요

사랑하는 그대 행여
무심한 세월 덧없이 흘러
우리 늙어 머나먼 훗날에
잊었다는 말은 하지 말아요.

담 밑에 봉숭아
빨간 미소로 활짝 피거든
흐르는 달빛과 벗하며
날 마음속 기억해주오.

잠 안 오는 깊은 밤
뜰아래 풀벌레 울음소리
오장 육부 쓰리게 녹는 밤
잊었다는 말은 꺼내지도 말아요.

그대가 날 잊는 것은
생의 끝자리 병고보다
죽음보다도 더 싫으오니
잊겠다는 말일랑 하지 말아요.

마음 속 그대와 만남

그대 마음
넓고 푸른 하늘 되고
내 마음
흰 구름 되어
두둥실 떠가고 있었지요.

지난밤 꿈속에
그렇게도 보고 싶던
사랑하는 그대
기쁨은 넘쳐흐르고
눈물이 북받쳐 울었어요.

내 고운 사랑은
장미처럼 피어나서
향기를 가득 뿜고
호수처럼 오래도록
마음속에 가득 고였어요.

그대 가시려면

그대 가시려면
뜨거웠던 정일랑 두지 말고
말없이 살포시 가시오소서.
가신 길 발자국 곱게 저미며
맨발로 살포시 따라가리다.

그대 가시려면
정 담아 만든 한산 모시 입고
시원스레 홀가분히 가시오소서.
모시옷 한올 한올 얼룩지도록
피눈물 뿌리며 따라가리다.

그대 가시려면
역겨움일랑 사주단자에 담고
전안 기러기 모른 척 가시오소서.
그대 되돌아오실 때까지
외기러기 끝없이 따라가리다.

자랑스러운 우리 아버지

우리 아버지에겐
봄날보다 더 화사한
마음의 젊음이 있었다.

우리 아버지에겐
시간을 어김없이 지켜온
시계 같은 철칙이 있었다.

우리 아버지에겐
현대적 감각이 우수해
과학적인 생활을 영위하셨다.

우리 아버지에겐
그 누구보다 깊으셨던
가족 사랑이 대단하셨다.

* 막내아들 씀

친정 할머니 생각

얼굴이 동그랗고 키가 작은
우리 할머니
세월을 안고
열심히 일하셨던
할머니 모습 눈에 선하다.

오늘도 손주에게 주려고
화롯불에 고구마 굽는
우리 할머니
느리고 어둔한 몸짓이나 아예
탓하지 않으시던 성품이셨다.

긴 세월 소중히 여기며
할머니가 손가락에 끼시던
은가락지 한 쌍
닳고 닳았던 반지,
할머니가 오늘 문득 그립다.

사랑이 넘치는 집

쌓는 벽돌
한 장 한 장에,
송송 솟아나는 땀방울에
고운 꿈이 한 아름 담긴 집,
행복이 가득하고
사랑이 넘치는
그런 집을 지어요.

쌓는 손끝에
지성의 기를 담아
먼 훗날까지
애정을 새록새록 맛보며
시대를 앞서가는 집,
사랑이 넘치는
그런 집을 지어요.

당신의 열매

둑 밑의 바가지 샘물
새벽을 퍼 올리면
식탁엔 보글보글
어머니가 끓여주신
달래 냉이 된장국.
출렁이는 사랑가로
돌아보는 미소 속에
행복이 여물지요.

책을 펴면 전등도
덩달아 조을고
덮은 책 다시 펴
바로잡는 내 마음.
높아진 하늘 아래 이제
당신의 튼튼한 열매
어질게 자라서
옹골차게 익어가요.

그대와 나

그대가 깊은 산속에서
바람 되어 스칠 때
나는 불변의 소나무가 되어
뜨거운 가슴을 잠재우리.

그대가 물결치는
푸른 바다 가슴이면
나는 그대 가슴 위에
떠가는 작은 조각배 되리.

영원하다는 사랑은

보이지 않는 사랑은
강에서 솔솔 올라오는
뽀-얀 실안개 같은 것.

스쳐가는 말없는 사랑은
강가에 모래 적시는
고운 실비 같은 것.

목화처럼 따순 사랑은
겨울의 흰눈이 되어
슬어져 녹아버리는 것.

영원하다는 사랑은
저문 뜨락에 마른 잎 말리는
쓸쓸한 바람소리 같은 것.

3부

사랑은 생의 진실

아동문학회 회원님들
'이상은 높게, 우정은 깊게,
사랑은 영원히'

사랑은 생의 진실

사랑은
아름답고 성스러운 것
어떠한 괴로움도 이겨내는
마력 지닌 묘한 것
차분한 마음으로
오래도록 참고 견디는 인고.

사랑은
희망이 넘치고 소중한 것
서로를 깊이 알고 맺는 것
너그러운 이해와 부드러운 관용,
삶의 기쁨 안겨주는
영원한 축복.

사랑은
오래도록 꿈이 가득한 것
우리의 마음 마음마다
생의 참뜻 흐르는
무한한 행복이고 영적인 존재,
변치 않는 진실.

아름다운 인생

사랑으로 봉사하며
풀잎같이 싱싱한 것.

좋은 일 실천하며
호수처럼 조용한 것.

꽃처럼 예쁘고 아름답다가
낙엽 되어 흙으로 가는 것.

후회 없는 인생살이
바람같이 훌쩍 왔다가

바람같이 스쳐가는
미련 없는 우리네 삶.

애틋한 그리움

앙증스런 화단 옆, 봉숭아 씨앗 주머니, 가는 허리에 대롱대롱 터질 듯 터질 듯 따순 햇빛 영글어 가을은 불꽃처럼 타오르고, 소식 끊긴 우리 남매, 애틋한 그리움은 터질 듯 눈시울이 붉게 젖는다.

못 잊을 우리 남매, 다정했던 그 옛날 봉숭아 붉은 꽃잎으로 밤을 지새며 물들이고, 아옹다옹 말다툼 하였는데, 이제는 보고픈 내 핏줄을 몇 해나 더 기다려야 할지, 애틋한 그리움이 가슴에 벅차다.

사랑의 소원

햇살 고운 아침
활짝 열린 창문 통해
까치의 노래로
반가운 그대 소식
전해 주소서.

이슬 내린 정원
뜨거운 열망을
꽃들의 미소처럼
이 가슴 따뜻이
사랑 가득 주소서.

진실한 마음의 반려자로
하늘 같은 사랑 누려
행복한 나날로
검은 머리 파뿌리 되도록
변함없게 하소서.

구속적인 사랑

꽃을 사랑한다는 말은
꽃을 꺾어
꽃병을 준비해
우리들의 집에
꽃꽂이로 예쁘게
꽂아놓겠다는 말이 아니다.

금붕어를 사랑한다는 뜻은
큰 어항을 구입해
오색찬란한 금붕어를
어항에 넣어 거실에서
감상하자는 뜻이 아니다.

예쁜 꽃은 꽃밭
제자리에 두고
금붕어는 넓은 연못에서
마음껏 놀게 하겠다는 뜻이다.

아름다운 상념

하늘을 향한
목마른 나의 부름
사랑의 그대는 내 생명
사랑의 그대는 내 우주
나의 길은 기다림의 연속
어제 일 뒤로 하고, 내일 향해
작은 바람 꿈으로 엮어놓고
나의 모든 소망
원고지에 토해낸다.

가슴 복판의 푸른 멍
눈에 뵈지 않는 깊은 사연
애써 지우려도 살아나는 유형
추억의 강물은 잔잔히 흐르고
그대 사랑 내 사랑
노을의 불씨로 남아 타고
오늘도 갈증을 사루며
조각난 마음을 사루며
눈물로 다독인다.

우리가 사는 것이

우리가 사는 것이
흘러가는 바람이듯
스러지는 구름이듯
소망 하나 펼친 여백

이웃과 오순도순
사랑의 둥지 틀고
끈끈한 정 화합으로
서로 돕고 살리라.

험준한 산세라도
한 발부터 기어올라
조심조심 마음 가누어
인진한 마무리,

무심한 이 세월
멈출 순 없는가.
젊음이 그립구나.
별빛같이 살리라.

염원 하나

그리운 사람아, 아무도 살지 않는 섬, 누구도 찾는 이 없는 곳, 그대와 나 감춰 둔 깊은 사랑을 밤 새워 나눠봤으면 좋겠다. 우리의 한결같은 염원 하나.

사랑하는 사람아, 허욕일랑 쓸어버리고 부처님 넓은 품, 솔바람 가득한 산사에서 그대와 나 삼매경 이룸이 더없이 소중한 염원 하나.

못 잊을 사람아, 지난 일은 꿈결 같아도 따뜻한 추억. 세월은 유수같이 흘러버려 몸은 비록 쇠잔하였으나 사랑의 회춘이라는 염원 하나.

상아빛 보람

햇살이 웃는 날, 나폴거리던 내 갑사댕기, 이제 팔순을 넘으려는데 낡고 빛 바래 흔적 없네

가슴엔 종달새 한번 울지 않고, 마음엔 물레방아 한번 돌지 않고 몸엔 무지개 한번 걸리지 않고 구겨진 원고지만 바닥에 나뒹군다. 내 가슴엔 두꺼운 먼지만 끼어 열리지 않고 삐걱이니 속 시원히 확 트일 수는 없을는지

내 마음엔 해묵은 앙금만 쌓여 암울하다. 그 어둠 속에서 허둥이며 상아빛 보람을 얻으려네.

사랑은 기다림

누구를 기다리나
날마다 기다리나
부질없는 여인인가
문고리 흔드는
살바람이라도
불었으면 좋으련만
어쩜 기다림은
사랑과 뗄 수 없는
숙명인 듯싶다.
추억은 흘러만 가고
옛일은 되새겨지고
크고 작은 갈등
미로에 빠져들어
잠을 청해 보는 시간
아름다운 꿈속에서
기다리다 지친 사랑
오래도록 엮고 싶다.

그대의 이름

바닷가에 앉아보면
흰 물결 거느리고
파-란 물소리 전해주는
파도 소리처럼.

보이지 않는 허무한
시원한 바람이 일면
서걱이며 부벼대는
갈대 숲처럼.

가을 끝 잎 진 나뭇가지에
머물었던 둥지 잃고
강남 찾아 먼 바다 건너려는
철새의 울음소리처럼.

그리워 생각나는 이름
보고파 불러보는 이름
어느새 내 마음에 자리한
이름 하나 있어라.

호수가 되는 가슴

6월이 오면 꿈속이듯 잔잔히
여울 되어 가느랗게
가슴속을 흐르는 게 있다.

잠시 후 그것은 흐름을 멈추고
한 곳으로만 모여
잔물결 햇살에 아롱거리는
조용한 푸르름의 깊은 호수가 된다.

드디어 그대 아리따운 모습이
맑은 거울 속이듯 그 속에 비친다.
바람결이 호수에 머무니
작은 보-트에 출렁이는 가슴이 있다.

그 속에 언제나 그대는
한 잎의 이름 없는 물풀이 되어
슬픈 미소로 떠오른다.

가슴을 채우려고

누군가를 사랑한다는 것은
계절의 가지 끝에 걸어둔
그리움의 언어들이
꽃 피워 향기를 낼 수 있다면,
상념에 젖어 사는 여인.

절절한 영혼에 아로새긴
따스한 언어와 고운 몸짓으로
누군가를 사랑한다는 것
가슴에 묻어둔 한 사람을 찾아
허전한 가슴을 달래려는 것.

소리 없는 절규

이 지상에 그대 있어 나 여기
그대 날마다 날 잊지 않아
나 여기, 살아 숨 쉬노라.

내가 사랑하는 그대여
그립고 보고픈 그대여
세상에 다시 없는 소중한 그대여.

소리 없는 내 절규 하늘에 닿아도
서러움 북받치는 내 울음
오랜 시간 소식 끊겨 가슴 저리네.

그대의 목소리 귓가에 들릴 길 없고
무심한 바람 소리만 휘감기며
돌아가는 야속한 시계추.

그대는 몰라

그대는 몰라
얼마나 지루한 일상을
얼마나 길고 긴 세월을
그대의 생각으로 보냈는지.

그대는 몰라
얼마나 소중한 사랑을
혼자만이 속으로 애태우며
인내하며 숨기려 했는지.

그대는 몰라
유성이 흐르는 밤마다
아름다운 환상의 꿈속에서
끝이 없이 설레던 이 마음을.

그대는 몰라
나의 눈물 많은 이야기,
가슴이 후련하게 벅차도록
밤새워 이야기하고 싶은지.

시린 고독

훗날의 진실한 기약으로
피어나는 고운 사랑 안고
불러보는 그대 이름 하나,
메아리만 대답한다.

지샌 밤의 공허한 외로움은
사랑의 새 잎을 달고
소망의 예쁜 꽃 피우려
오늘도 땀 흘리며 사랑시를 쓴다.

누구나 겪고 겪어가는 삶
복잡하고 허망한 이 세월에
피로 물든 사연마다
그대 사랑 한없는 그리움이 쌓인다.

떠오르는 정념 하나

아침 이슬처럼 영롱한
그리움이 안타깝도록
못 견디게 짙어와
파란 하늘에 맴돌고
가슴속에 멍들도록
사랑 씨 흩뿌려 놓고
아득히 사라져 버린 그대 모습
아득바득 그려보련다.

뭇 세월 물결 따라 흘러가고
정념 깊어지는 이 가을에
바람만 스산한 들판
기다림 깊이 고인
코스모스 꽃잎처럼
이 가슴에 영원히 머문
떠오르는 정념 하나
고이 간직하련다.

마음 깊은 곳의 사랑

맑은 호수 위에
그대의 얼굴이 보였어요.
갈대 잎을 춤추게 한
보이지 않는 바람결에서
그대의 인자한
미소짓는 얼굴이 흔들렸어요.
흐르는 냇물 따라
나의 마음도
물결 따라 흘러가요.
나를 사랑하는 그대
나를 이해하는 그대
그대의 몸과 마음, 만약에
모르는 사이에 흔들린다면
나는 그대의 마음을
바람도 없고, 물결도 없는
내 마음 깊은 곳에
오래도록 소중히 그 사랑
간직하고 싶어요.

보석 같은 사랑

힘겨웠던 운명인가
설운 한숨에
그대의 위로 더했어도
산자락 메마른 풀잎에
스칠 수는 없었어요.

뜨거운 내 눈물에
진정한 그대 눈물 더해도
봄철 버들가지 적시는
촉촉한 개여울은
될 수 없었어요.

선한 믿음의
그대 깊은 사랑과
절실한 믿음의 내 사랑
보석 같았던 우리의 옛사랑
오래도록 반짝이겠지요.

아름다운 추억들

진실하고 정직한 사랑은
서로에게 추억을 주고

서로가 소중히 간직하고
사랑할 수만 있다면

아픈 추억으로 쌓이더라도
우리 오래도록 그리워하리.

사랑은 가슴속에

사랑은 가슴속 깊은 곳에 잠겨
오직 하나만을 위하여
소중히 열어줄 수 있는
신비스러움의 감상
아무에게나 보일 수 없는 보배로
강철보다 강한
뜨거운 가슴속에 있으리.

사랑은 말로, 글로, 행동으로
오직 하나만을 위하여
소중히 열어 보일 때
햇살보다 뜨겁게 달아올라
아무에게나 줄 수 없는 정절
용암이 흘러 합친 듯
뜨거운 마음 안에 있으리.

높고 깊은 사랑

이제 그만 푸른 젊음을
목마르게 부러워 말자.
안타까운 마음으로 지켜보지 말자.
누구나 가슴에 품고 있는
사랑이란 깊은 단어
기쁨보다 슬픔이 많은 것
무심한 세월 빠르게 흐르니
떨리는 내 목소리 들릴 길 없는
무딘 그대 때문이에요.
즐거움보다는 서러움 앞서고
만족보다는 외로움이 더한
기다림이 힘겨울수록
가슴속 깊이 이해하는 배려
우리 사랑 깊고 진실하다.

기약 없는 기다림

춘하추동 누구를 기다리나
가슴에 여며둔 사랑이나 있는가.
부질없고 어리석은 여인이여
귓불 지나가는 실바람이라도
불었으면 좋으련만
인생의 덧없는 사랑은
기다림과는 뗄 수 없는
숙명인 듯하구나.
지난 추억은 강으로 흘러가고
오랜 옛일은 뇌리에 새겨지고
가슴 아팠던 응어리는
왜 잊히지 않는 걸까.
자정 너머 잠을 청해보는 시간
뒤척이며 생각하는
그리운 내 님의 사랑
기약은 없으나, 꿈속에 그린다.

가슴으로 흐르는 마음

가슴과 가슴의 따뜻한 숨결
그 이름 사랑이라 부르자.
그곳엔 양지바른 꽃밭이 있어
꽃을 심을 수 있으니
꽃밭에 사랑 심고 기쁨 심고
어렵게 심은 사랑을
오래도록 정성으로 가꾸자.
낙엽 지는 어느 날
주황빛 노을이 사그라지는 시간
나는 그대 위해 시를 띄운다.

사랑은 한 가닥

헤어지면 서러워야 할 마음
만남 뒤에 오는 더 진한 고독

만남은 더 없는 순수요 바램이나
가슴을 허물어 그대에게 의지하며

그대 절절히 사랑한다 해도
만남은 지울 길 없는 그림자

만남은 고무풍선과 같아서
바람으로 속이 꽉 찼다가도

만남은 겨울의 흰눈 같아서
싸늘했던 몸에 정열이 넘쳐와도

뜨겁던 두 가슴 식혀 놓고 마는
만남은 녹아 흐르는 흰눈 같은 것.

기다리며 살리라

내 평생 서럽게
그날이 오지 않아도
사랑하는 그대를
기다리며 살리라.

어느 날 갑자기
산이 무너지고
바다가 갈라진다 해도
그대 마음은
푸른 바다이려니
희망을 버리지 않고
기다리며 살리라.

나 오래도록
쓰라림이 여울져도
사랑하는 그대를
기다리며 살리라.

사랑의 고뇌

사랑은 우리 곁에 있지만, 어렵고 힘들고 인내가 따르는 일, 우리들 가슴에 들어앉아 아름다운 형상을 만드는 것, 사랑이 마음속에 들어감으로 우리 가슴은 다시 태어난다.

사랑을 잃어버리면, 가슴을 도려내는 감상자 되니, 나는 고뇌와 눈물을 아는 아주 작은 부스러기, 몸은 늙고 쇠잔해질 뿐, 사랑은 혼자 남는 고뇌, 참기 힘든 고뇌가 된다.

노을 빛 우리 사랑

그리운 그대여
아름다운 석양 노을 받으며
내 가슴에
순수한 영혼을 심자.

보고픈 그대여
신비스러운 노을 질 때면
스산한 바람 속 외롭고 답답한
내 마음에
그대는 정열의 노을이 되어
참기 어려운 내 아픔
알뜰히 씻어주는가.

사랑하는 그대여
따뜻한 가슴 열고
추억의 갈피 속에
진한 사랑 접어두자.

아름다운 수를 놓으리라

꽃향기 휘날리는
아름다운
어느 봄날
지극히 사랑하는 그대
새벽을 딛고 오시라.

씨실과 날실로
그대 드리려고
한 올 한 올 곱게 짠
오색 비단
정성껏 마련했나니.

사랑할수록

속잎 피는 봄이면 속잎 속에서 울고, 소낙비 내리는 여름이면 비 속에서 울고, 가을에 갈대숲을 걸어가면, 구성진 노래하고, 겨울에 함박눈을 맞으면 젖은 몸으로 노래하였어요.

은밀한 내 꿈에 그대 반겨 만나면 이것이 진정 생시였으면 원했고, 생시에 사랑하는 그대 보면 이게 꿈이 아닌가 하였고, 이러나 저러나 사랑한다는 것은 언제나 목마른 갈증이었어요.

그대가 있었기에 내 가슴속에 초 한 자루를 꼭 준비하지요. 내 곁에 의자도 비워 두지요. 오늘은 견디다 견디다 못해 의자에 앉아 가슴속 촛불 보며 푸르른 하늘에 눈물을 뿌렸어요.

벚꽃 앞에 서서

좀더 건강하게 살고 싶어
바쁜 시간 쪼개어
한남대 동산에 오른다.
봄의 화신 벚꽃 잎
도란도란 사랑을 속삭이듯
화사하게 피어있어
가슴 흐뭇이 한참을 바라본다.
연분홍 꽃잎은 다복다복
천사의 날개보다
더욱 아름다운데
그리움의 빈자리 지키며
바라보는 나에게 미소 지으며
너무도 벅차게 피어
넋을 잃은 듯 감상하였다.

내 사랑은

내 사랑은
비 온 끝의 고운 햇살로
언덕 너머부터
부지런히 오시는가?

내 사랑은
영롱한 무지개 타고
흔들흔들 너울대며
반가워 손 흔들고 오시나.

내 사랑은
아름다운 풀잎 이슬
방울방울 촉촉이 적셔주며
안타까운 마음으로 오시나.

내 사랑은
바람처럼 스쳐왔다
조용히 흔적 없이 사라지는
맑고 깨끗한 모습이신가?

고운 꿈이 있기에

꿈이 있기에
난 그대를 꿈속에서
자주 만나지요.
외롭고 허무한 이 밤에
은근한 그대의 미소를
꿈에서 보는 것은
그 모습을 오래도록 간직하려는
진실된 순수가
있기 때문이지요.
사시사철
깊은 밤마다
꿈을 청해 보는 것은
사랑하던 그대가 영원한
나의 존재이기 때문이지요.
소중한 그대와 나의
진실된 마음속에서
영원히 간직해야 할 그리움이
존재하기 때문이지요.

당신은 아십니까

내리는 따순 햇살
온 누리 퍼져와 밝아오는 새벽을
당신은 기다립니까?

동이 트는 아침바다
고기잡이 떠나는 뱃고동 소리
당신은 들립니까?

응어리진 가슴의 노래
부르지 않고는 못 견디는 내 마음
당신은 느낍니까?

외나무다리 저편에서
덩실덩실 춤을 추는 내 모습
당신은 보이십니까?

때로는 얼굴에 새겨진 고민
가슴으로 이어지는 엉킨 마디를
당신은 아십니까?

무지갯빛 추억

추억은 인생의 흐름인가?
영원한 그리움
별빛 같은 그림자 되어
아련히 흘러간다.

기러기 끼룩끼룩
또 한 해 간다고 날아가니
가는 세월 속절없이
서럽게 남기는 추억

검은 머리 어느덧 희어
갈대 되어 서걱이니
추억은 소리 없이
쌓이고 또 쌓인다.

흘러간 우리의 추억들
보람의 인생꽃 되어
무지개 빛으로 곱게
영원히 흐른다.

바람과 물

사랑을 함부로
가볍게 말하지 말아요.
사랑은 말로는
어려운 것이래요.
어디서부터 시작하는지
어디서부터 오는지
알 수는 없어도
눈앞에 흔들리는
바람 같은 것이래요.
사랑을 함부로
무심히 보지 말아요.
사랑은 눈으로는
깊게 느낄 수가 없대요.
어디 고였다가
어디로 흐르는지
알 수는 없어도
그저 물같이 낮은 데로
흘러, 흘러간대요.

누가 이 가슴에

누가 이 가슴에
설레는 파문을 일으켰나.
못 견디게, 못 견디게
애절한 마음.

누가 이 가슴에
살포시 안겨 주었나.
아련히, 아련히 보고픈
그리운 마음.

누가 이 심장에
사랑의 싹 곱게 틔웠나
넘치고, 또 넘치는
절절한 마음.

누가 이 영혼에
차곡차곡 소중히 담았나
한없이, 영원토록
사랑하는 마음.

사랑을 물으신다면

누가 사랑이 어떠하더냐고
절실히 물으신다면
괴로움 속의 기쁨이라고
서슴없이 대답하겠어요.

영원한 내 사랑은
언제나 어디에서나
나를 바로잡아 이끄는
밤하늘의 별

고운 보랏빛 별이 되어
천년 세월 반짝이는
불멸의 꺼지지 않는 진실이라고
자신 있게 대답하겠어요.

행복이란 무엇

행복이란
재력과 권력 아니고
어떠한 속박도 없이
즐거움을 말하는 것이겠지요.

행복이란
산 넘어 바다 건너
나로부터 아주 가까이
가슴속에 있는 것이겠지요.

행복이란
가장 평범한 곳에 있으며
주고받는 좋은 감정이
한없이 흐뭇한 것이겠지요.

행복이란
자신만이 가질 수도
누릴 수도 있는
현실의 소중한 보람이겠지요.

사랑 예찬

사랑은
순수하며 아낌이 없고
주어서 흐뭇하고 받아서 즐겁고
욕심일랑 표현치 않는
지성이 오래도록 따르는
성스러운 본능이리라.

사랑은
거짓이 없고 진실하여
정직하며 깊은 이해와 배려로
부담감일랑 느낄 수 없는
항상 희생이 따르는
숭고한 심성이리라.

사랑은
온화하며 꾸밈이 없고
줄수록 정 가고 받을수록 잊지 못해
보고픈 마음 참을 길 없고
그리움은 영원무궁한
보람 넘치는 희열이리라.

내 마음 속 그대

그대의 마음은
내 마음 높은 하늘에 뜬
흰 구름이 되어
두둥실 두둥실
떠가고 있어요.
지난밤 꿈속에서
그렇게도 보고 싶던
사랑하는 그대를 보았어요.
기쁨은 넘쳐 흐르고
눈물이 북받쳐
한없이 울었어요.
내 고운 사랑은
장미처럼 가득히 품고
호수처럼
마음속에 고였어요.

사랑보다 진한 정

사랑은
외진 봄언덕에
보아주는 이 없어도
붉게 타는 진달래인가.

진달래가 시들어도
그 향기 나래를 펴듯이
끈질긴 괴로움의 정이
가슴속에 누적되어 있네.

그이가
하늘나라로 날아간 지
오래오래 되었건만
정은 굽이치는 긴 강물 같아라.

정이란
생의 모진 마음으로
끊어버리려 애써봐도
사랑보다 더 진한 것이라네.

당신이 가던 날

꽃잎이 지듯이
힘없이 스르르
유언도 한 마디 없이
멀리 멀리 떠나가시네.
세상에 왔다가
흙으로 돌아가는 인생
아무도 거절 못하는
막을 길 없는 자연의 섭리라네.
사랑하는 아들이
아버지 가슴을 얼싸안고
먼저 가시면 나, 어이해요.
통곡소리, 병원에 슬피 울리네
가는 길이 영생일까
앞서간 당신 곁에
나도 머지않아,
살아온 아픔 안고
당신의 뒤를 따라 가려네.

고독한 이 밤

이 밤은
백설의 어지러운 난무가
창가에서 공연하니
옛 추억의 그리움이
설운 마음에 차오른다.
이 밤은
막을 길 없는 응고된 마음이
겨울 한밤을 수놓으니
넘칠 듯한 당신의 그리움이
가슴 깊이 스며든다.
이 밤은
내가 겪은 서러운 날들이
자꾸만 눈앞에 아른거리나
그저 모든 것을 침묵으로 견뎌
고독과 친구하련다.

어느 날 당신 생각하며

오늘은 유달리
머나먼 하늘나라에 계신
당신이 너무 그리워
영정 사진 품에 안고
한없이 울었어요.

몸이 많이 아프거나
삶이 너무 힘들거나
닥친 일이 풀리지 않을 때
보고픈 당신 생각에
온몸이 젖어와요.

기쁜 일이나
좋은 일이 생겼을 때
당신께 전해드리고파
하늘을 바라보면
하늘은 말없이 파랗고
내 마음은 외롭고 많이 아파요.

배려하며 감싸는 사랑

작은 냇물이
큰 바다가 되듯이
우리도 서로 손잡고
한세상 배려하며 살았으면.

그저 젊은 시절
금세 피었다 시들고 마는
그런 사랑보다
상대의 아픈 마음
위로하며 힘을 주는
한세상, 깊은 이해로 살았으면.

머리가 백발 되고
얼굴 주름 깊어가도
슬픔도 아픔도 같이 나누며
저기 저 별빛처럼 살았으면.

건강한 삶을 엮으며

우리는 건강을 소망하며 질병 없이 좋은 몸으로 너나없이 오래 살기 염원 하나 뜻대로 되지 않음이 인생이라. 목표는 높은 곳에 있고 결심은 바위 같지만 소망하는 건강은 마음과 다르니 작은 일에 화냄 버리고 너그러운 이해와 미소로 살리라.

오늘 불현 듯 거울을 본다. 거울은 맑고 정직하다. 비춰보는 자신의 눈길이 머무는 곳은 어디인가. 건강하지 못한 몸은 마음까지 우울하고 시들게 하니 건강을 찾기 위해 몸을 아끼고 꾸준히 적당한 운동으로 편한 마음에 풍성한 삶을 엮으리라.

나의 기도

나는 기도할 때 무릎 꿇고 앉아 눈을 지그시 감고 두 손을 곱게 모으고 진실한 사랑을 염원하며 절실한 마음으로 염원한다. 저 태양이 우주를 밝혀주듯, 빛이 그림자를 안고 있듯, 별이 밤하늘을 아름답게 수놓듯이, 소나기 그치고 무지개가 동산에 산뜻하게 뜨듯이, 어둡고 길었던 밤을 새벽이 열어주듯, 나도 보석보다 눈부신 사랑 하나, 생명의 푸른 꿈을 소중히 여민다.

아주 간절하게
영혼을 사르듯이
뜨겁게 기도한다.

아름다운 삶

시끄러운 세상일수록
높은 목소리 귀에 젖고
온 누리 어두울수록
거짓과 욕망뿐
빈 곳 너무 많고
휘두르는 걸음걸이 클수록
허풍이 심하고 알맹이 없는데
그리로만 귀가 솔깃함은
무슨 영문일까요.
가시덤불 험한 세상
고개 넘어가는 길은
힘든 고통의 길이나
낮은 목소리로 한발 한발
작은 걸음 조심히 걸어가며
땀 흘리는 노력으로
살다 가는 정직한 길은
세상에서 가장 값진
아름다운 삶이라네.

꽃처럼 살고 싶네

태초에 꽃씨 뿌려
메마른 가슴들
꽃처럼 살라 했네.
사랑으로 곱게 피어
꽃처럼 살고 싶네.
깊은 굴 암흑 속에서
허우적이는 가엾은 이에게
밝은 빛 고루 주며
외로운 이에게 기쁨 주는
꽃처럼 살고 싶네.
깊은 산, 외진 들녘
바위 틈 작은 꽃
계절 따라 아름답게 피어
베품으로 기쁜 삶
꽃처럼 살고 싶네.

후기(後記) 시집을 엮으며

사랑은 우리들이 살아가는데 있어 생명과 같은 것입니다. 생을 마치는 순간까지 더없이 소중한 존재입니다.

평생에 멋지고 아름다운 사랑 시집 한 권 펴내는 것이 소원이었습니다. 오랜 염원 끝에 부족하나마 사랑시집 3권을 지상에 내놓으니 기쁘고 흐뭇합니다.

1996년 (9시집) 『깊어지는 정념 하나』
1999년 (12시집) 『그대와 나의 노래』
2015년 (20시집) 『산빛 고운 사랑』

아무리 시대가 변해도 사랑의 진실은 영원합니다. 사랑받고 사랑 주며 사는 것이 우리 인생입니다. 앞으로도 온기 어린 열정으로 사랑시를 쓰려합니다.

2015년 3월 저자 조혜식

산빛 고운 사랑

조혜식 시집 제20집

발 행 일 | 2015 3월 12일
지 은 이 | 조혜식
발 행 인 | 李憲錫
발 행 처 | 오늘의문학사
출판등록 | 제55호(1993년 6월 23일)

주 소 | 대전광역시 동구 대전로 867번길 52(삼성동 한밭오피스텔 401호)
전화번호 | (042)624-2980
팩시밀리 | (042)628-2983
홈페이지 | http://www.lito77.co.kr(홈페이지)
전자우편 | hs2980@hanmail.net

공 급 처 | 한국출판협동조합
주문전화 | (070)7119-1741~2
팩시밀리 | (031)944-8234~6

ISBN 978-89-5669-668-3
값 10,000원